NHK for School
BOKU-DOKO
ぼくドコ
ぼくたちこれからドコ行くの?

モノの一生
ドラマチック!

生まれ変わり編

JN039836

編　NHK「ぼくドコ」制作班

どんなモノにも
とっておきのドラマがある

「“タイヤ”ってどうやって生まれるの?」「“ガラスびん”って使い終わったあとはどうなるの?」「“電車”ってどうやって最期を迎えるの?」

当たり前のようにある、わたしたちの身の回りのモノはどんな人生を送っているのか‥‥。

“モノ”の目線になって調べてみると、いろいろなドラマがあることがわかりました。

工場で細かく刻まれたり焼かれたり、使われてすりへったりよごれたり‥‥つらいこともあるけれど、人のために活躍するモノの人生にはうれしいこともたくさんあります。

は主人公の3人、ミキ(昴生、亜生)と山之内すずさんが、着ぐるみを身にまといモノになりきって必死にモノの人生を歩んでいく物語。ワクワクドキドキしながら進んで

BOKU-DOKO
ぼくドコ
ぼくたちこれからドコ行くの？

いくと、モノの目線に立つからこそ見えてくる意外な発見がたくさん。楽しく勉強しながら、いつのまにか社会科見学ができてしまいます。そして･･･ モノをつくるために、情熱をもって懸命にがんばる人たちがたくさんいることにもきっと驚くことでしょう。

　本書は楽しく勉強できてモノにも感謝できる、すてきな本です。みなさんも“ モノ ”になったつもりで一生を社会科見学してみてください。どんなモノにも必ずドラマがあるように、あなたにもとっておきのドラマがあるはずです。

　この本も、みなさんのもとにとどくまでにどんな人生を歩んできたのか、気になりますよね。

NHK「ぼくドコ」プロデューサー　髙橋 謙

MOKUJI
もくじ

CHAPTER 1

ダンボールの一生 ▶▶▶ ⑧

CHAPTER 2

ガラスびんの一生 ▶▶▶ ⑳

CHAPTER 3

電車の一生 ▶▶▶ ㉜

CHAPTER 4

フライパンの一生 ▶▶▶ ㊹

「ぼくドコ」って？

「ぼくドコ」は2021年から2023年までEテレで放送された番組です。「ぼくたちこれからドコ行くの？」を略して「ぼくドコ」。わたしたちに身近な「モノ」がどのように生まれて、どのように使われて、どのように一生を終えるのか。ミキのふたりと山之内すずさんが、モノの着ぐるみをまとって紹介。モノに感情移入しながら、楽しく社会科見学ができます。

どんなモノにも、とっておきのドラマがある！

ミキ
お笑いコンビ

昂生（右）
1986年京都府京都市生まれ。実の兄弟コンビ「ミキ」の兄。ツッコミ担当。「モノがこんなにもいろいろな過程をたどっているなんて…『ぼくドコ』だからこその発見がたくさんあります！」

亜生（左）
1988年京都府京都市生まれ。昂生の弟。ボケ担当。「あなたもモノになりきって、いっしょに『ぼくドコ』の世界へ！ 子どもはもちろん、親世代もじゅうぶん楽しめます」

山之内すず
タレント

2001年兵庫県神戸市生まれ。2019年芸能界デビュー。テレビCM、テレビ番組などで活躍中。「着ぐるみを着て、全力で熱唱したりダンスしたりしました！ 楽しみながらいつの間にかモノの意外な情報が学べます」

ダンボールの一生

うーん？？

なんや それ！

？

日本で１年間につくられるダンボールを
全部広げた広さはどれくらい？

A 高知県２個

B びわ湖　21個

ANSWER こたえ

だいたい どれも正解！

日本で1年間につくられるダンボールの面積は、

約142億1700万㎡ （2023年の生産量）

※全国段ボール工業組合連合会の統計・発表資料

A 高知県2個＝約142億㎡

B びわ湖21個 約140億5400万㎡

C 東京ドーム30万個 約140億2600万㎡

D 東ティモール民主共和国 約149億㎡

 ## ダンボールの基礎知識

 ### ダンボールの始まりはシルクハット!?

ダンボールが生まれたのは1856年のイギリスだといわれています。当時流行していたシルクハットには、生地が厚くて蒸れやすいという欠点がありました。そこで、通気と汗取りのために内側にはりつける素材として開発された「段のついた紙」がダンボールの始まりです。その後、アメリカでランプやガラスびんなどを輸送するときに、紙に段をつけたものを巻いて使うようになりました。そしてさらに改良が加えられ、1894年にはようやく箱となって登場しました。

「ダンボール」の名前の由来

日本では明治時代にわずかな量のダンボールが輸入されていましたが、1909年に井上貞治郎が日本初のダンボール製造機械を考案。商品化するにあたり、「段のついたボール紙」から「ダンボール」と名づけられました。

「ダンボール」の名づけ親、井上貞治郎氏

日本初のダンボール製造機械

軽いのに強い！

ダンボールの強さのひみつは、3まいの紙でつくられる「トラス構造」にあります（12ページ）。輸送時のクッション材として使われはじめたダンボールでしたが、その後、輸送用の箱として使われるようになる際に、のりや原料などにさまざまな改良が加えられ、より強くなっていきました。

ダンボール箱を4個用意して、1トン以上ある車をのせても大丈夫

環境にやさしいダンボール

ダンボールは使用後ほとんどが回収され、ふたたびダンボールにリサイクルされます。現在、日本のダンボールのリサイクル率は95％以上に達しています。使い終わったダンボールは貴重な資源。再生可能な地球環境にやさしい素材なのです。

ダンボールに印刷されているリサイクルマーク

ダンボールはリサイクル

ダンボールのここがスゴい！ トラス構造

どうして
ダンボールは
うねうね
しているの？

ダンボールの強さのヒミツは、
連なって支えあっている三角形にある。
それを「トラス構造」という。

ダンボールをよく見てみると、
3まいの紙でできている。

3まいの紙

上　　中　　下

注目！

上と下の紙

真ん中の紙

上と下の紙はかたいが、
真ん中の紙はやわらかい。

トラス構造の強さを実験!

三角(トラス構造)

四角と三角に折った紙に本をのせていくと…

四角

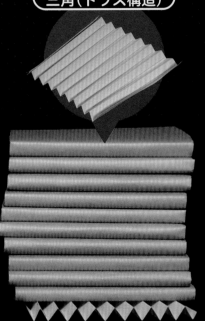

べしゃあっ

6冊目で四角はぺしゃんこに、三角は本を10冊のせてもびくともしない。

いろいろなところに使われているトラス構造

明石海峡大橋

東京スカイツリー

東京タワー

東京スカイツリーや鉄橋、天井の梁などにもトラス構造が使われている。三角形は頂点に力が加わっても左右に力が分散され、安定性を保つことができる。

トラス構造のすごさがわかっただろ?

13

ダンボールのリサイクルの旅

使用ずみダンボールの回収率は95％以上。
回収されたダンボールから
新しいダンボールがつくられる。

START!

古紙置き場

収集車にのせられて出発！
この先、イバラの道が待って
いるとはまだ知らず…

> おれらダンボールは
> 生まれ変わっても
> ダンボールなんや！

使用ずみダンボール回収所

古紙リサイクルセンター

1日に運びこまれるダ
ンボールは約20トン

ベルトコンベヤーに運ばれる

せまい部屋に閉じこめられる

ぎゅっ

運びやすいように圧縮される

高さ5.5メートル

でかっ！

針金でしばられ、約2000個分のダンボールが1つのかたまりになった！

NEXT ▶▶▶ ダンボール原紙をつくる工場へすすむ

ダンボールリサイクルの旅

紙をつくる

はくりょくあるな！

40℃のお湯をすって、ドロドロになっていく

直径8メートルの巨大釜

5分後

ダンボールのもととなる「古紙パルプ」

古紙パルプが機械でうすくのばされる。

120℃のローラーの間を猛スピードでかけぬけ、水分がぬかれていく。

全長170メートルの巨大な機械で紙になる。

巨大ロールが完成！！

メモ 巻き取られるのに1時間かかる。

① 上　② 真ん中　③ 下

ダンボールシートをつくる

紙3まいをはり合わせてシートをつくる。

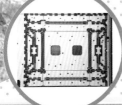

①平らな上の紙

真ん中のやわらかい紙はギザギザにはさまれて波状に

③下の紙と合体して完成！

②真ん中の波状の紙と合体

① ② ③

複雑な形の箱は、型で切りぬいてつくる。

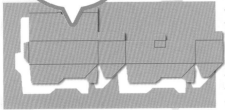

ダンボール箱になる

ダンボールシートをカットし、折り目を入れてのりづけする。

新しいダンボール箱に生まれ変わった！

本庄 きゅうり
ひびきの一元

本庄 きゅうり
ひびきの一元

G O A L !

ダンボールのいろいろ

ダンボールは何度もダンボールに生まれ変わる！

次はどんな形に生まれ変わるのかな？

みかん箱タイプ

日本でもっとも多く使われるスタンダードな形。

愛媛県産
愛媛みかん
西宇和　三 共撰
愛媛県産

トレータイプ

ふたがないタイプで、いたみやすい果物や野菜を運ぶのによく使われる。

本庄 きゅうり
本庄 きゅうり

いくつも重ねられる

クッションタイプ

ものがこわれないように、クッションになっている。

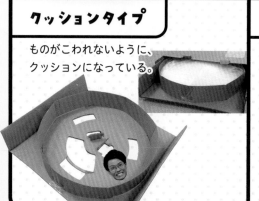

底ワンタッチタイプ

ガムテープやホチキスがなくても箱になる。

こんなところにもダンボール

ネコの爪とぎ

表面

ダンボールを何まいも重ねた断面で爪をとぐと気持ちいいニャー！

テント

かんたんに組み立てることができ、水をはじく加工がしてあるため雨にも強い。

避難所のベッド

2011年の東日本大震災をきっかけに注目されるようになった。床の上に直接ねるよりも体の負担をへらすことができる。

空港のチェックイン機

強度が高いダンボールを使い、中にはパソコンやバーコードの読み取り機、プリンターが組みこまれている。

家具

軽くてじょうぶ。本棚や机、収納家具など、種類もさまざま。

ダンボールは
何度も生まれ変わり、
姿を変えて活躍し続ける！
すべてのダンボールと
ダンボールにかかわる
すべての人に感謝！

ガラスびん の一生

環境保護の取り組みとして
おなじみの「3R」のうち、
何回もモノを使うことを
なんという？

(A) リユース

Reuse

(B) リサイクル

Recycle

なんやて！？

Ａ リユース Reuse

環境保護のための取り組み「３Ｒ」は、Reduce(リデュース)、Reuse(リユース)、Recycle(リサイクル)の３つのＲを指す。

Ａ リユース(Reuse)
▶くり返しモノを使う

Ｂ リサイクル(Recycle)
▶資源にして再利用する

Ｃ リデュース(Reduce)
▶むだなごみの量をへらす

Ｄ リサイタル(Recital)
▶独唱会、独奏会
例：ジャイアンのリサイタル

３Ｒについては30ページへ！

ガラスびんの基礎知識

永遠に生まれ変わる！

牛乳びんのようにリユースされるびんもありますが、家庭で使用ずみとなった空きびんは、回収されたのちに細かくくだかれて、「カレット」とよばれるガラスびんの原料になります。びんからカレットへ、カレットからびんへ…ガラスびんは無限にびんからびんへリサイクルをくり返すことができるのです。

空きびんをくだいたカレットが新しいびんの材料になる。

色も形もいろいろ！

無色透明、緑、茶色など、ガラスびんには
さまざまな色がありますが、つくるびんの
色に合わせて、利用するカレットの色を決
めています。無色透明のびんは中身が一目
瞭然、緑色や茶色のびんは光を通しづら
く、中身が変化しづらいという利点があり
ます。また、びんはとかしたカレットを型
に流しこんでつくられるので、形も自由自
在。模様が入ったびんなどもあります。

日本酒や薬などには、中身が変質しないように色の
ついたびんが使われることが多い。

給食の牛乳は紙パック？びん？

学校給食では、1946年から脱脂粉乳（牛乳から
脂肪分を取りのぞいてから、水分をのぞき粉状
にしたもの）が出されるようになり、1958年か
らびん牛乳がスタート。その後、1970年代ま
ではびん牛乳が主流でしたが、1980年代に
は、紙パック入りの牛乳がびん牛乳を上回りま
した。重い、われると危ないなどの理由から、
いままでは紙パックの牛乳が9割をしめるように
なりました。環境にやさしいという理由で、び
ん牛乳を採用するケースもあるそうです。

びん牛乳（上）か紙
パック牛乳（下）
か、あなたの学校
はどっち？

 ガラスびんの歴史

日本にガラスびんが登場したのは安土桃山
時代だといわれています。オランダから輸
入したびんに香水や薬を保存していたとい
う記録が残っていますが、一般に広くガラ
スびんが使われるようになったのは、明治
時代になってから。外国からワインやブラ
ンデーなどが輸入されるようになり、使い
終わった空きびんを買い集めて売る商売が
生まれました。これが現在のびんのリユー
スの原点だといえます。

ガラスびん リユースの旅

牛乳びんは洗って
何度も使える、まさに
エコな容器なのだ!

START!

牛乳の製造工場

1日10万本の空きびんが集まる

びんを洗う

洗びん機

機械の中には7つの部
屋があり、お湯や水の
中を次々とくぐりぬけ
ていく。まるでジェッ
トコースターだ!

牛乳びんは洗うときにキズがつかな
いように1本ずつ専用のホルダーへ。

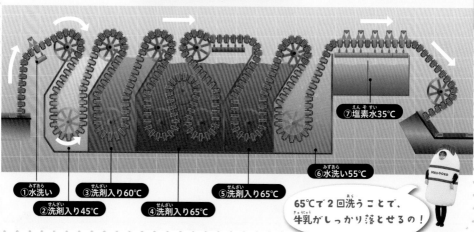

①水洗い
②洗剤入り45℃
③洗剤入り60℃
④洗剤入り65℃
⑤洗剤入り65℃
⑥水洗い55℃
⑦塩素水35℃

65℃で2回洗うことで、
牛乳がしっかり落とせるの!

キズがないかチェック

特殊な光で照らして、人間の目ではわからない小さなキズを見つける。
ほんの少しでもキズがあれば、リユースすることはできない。

不合格

合格

赤い光で照らして…

運命の分かれ道

ドックン

キズ

ドックン

ドックン

ビカビカに
なった！

まだ終わりじゃ
ないわよ！

不合格

合格

1本のびんは30回ほどリユースされる

牛乳が入れられて、再び
飲む人のもとにとどけられる。

NEXT
▶▶▶

リサイクル
の旅へ！

仕分け

透明、茶色、緑など、色ごとに仕分けされる

透明びんの山

破砕機

とっきのついたローラーでかべにたたきつけられ、細かくくだかれる。

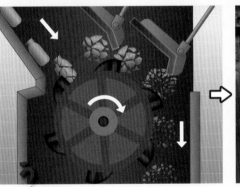

カレット

よごれやラベルが取りのぞかれたガラスびんのかけら「カレット」が、新しいガラスびんの原料となる。

ギャ　ッ

うわぁ～！！

ガラスびんのもとカレットの山

NEXT ▶▶▶ ガラスびんの工場へ！

ガラスびて リサイクルの旅

ガラスびん製造工場（せいぞうこうじょう）

巨大（きょだい）な溶解炉（ようかいろ）

1600℃

カレットがドロドロにとかされる。

あつっっっっ

24時間後

ドロドロの状態（じょうたい）で1本分ずつ切り取られる

金型（かながた）に入れられて…

口から空気を入れてびんの形に

透明（とうめい）のびんに生まれ変わった

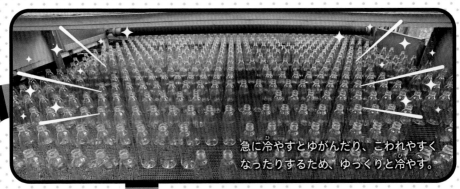

急に冷やすとゆがんだり、こわれやすくなったりするため、ゆっくりと冷やす。

検査場

横から力をかけて、びんの強さをチェック

びんの口にキズがないかチェック

目視検査員

ラスボス

○ ×

最後は人の目で、キズや気泡がないかを確認する。集中力を必要とするため、連続して検査できる時間は30分までと決められている。

無事、合格したびんたち

GOAL!

ポン酢のびんとなった

ガラスびんと3R

3Rとは、ごみをへらして地球環境を守るための取り組みのこと。
ガラスびんの3Rとは、具体的にどんなことなのだろう？
限りある資源を守るために、わたしたちにできることを考えよう！

ガラスびんのリデュース　Reduce

リデュースは「へらす」という意味で、製品をつくるときに使う資源の量をへらすこと。ガラスびんには「重い」というデメリットがある。ガラスびんが軽くなれば、使う資源の量もへらせて、持ったときにも軽くなり、一石二鳥。とはいえ、あまりうすくしすぎるとわれやすくなるため、厚みをへらして表面をコーティングすることにより、キズがつきにくく、われにくい軽いびんを開発。びんの強度も変わらないことが確かめられています。

244g (200ml) −50% 122g (200ml)

173g −35% 112g

牛乳びんは半分の重さになった！

びんが軽くなると、つくったり運んだりするのに必要なエネルギーを節約できる！

ガラスびんのリユース　Reuse

リユースは「再使用」という意味で、一度使用した製品をくり返し使うことです。洗って何度も使われる牛乳びんは、リユースの代表例。100年以上前からリユースのしくみがあり、牛乳びんだけでなく、お酒を入れる一升びんやビールびんなどもくり返し使われ、「リターナブルびん」ともよばれます（リターナブルは「返却できる」という意味）。環境にやさしい容器として見直されています。

リターナブルびんは販売店に返却するのが基本。

新しくつくるよりも、くり返し使うほうが、二酸化炭素の排出量やごみの量がへらせる！

ガラスびんのリサイクル　**Recycle**

リサイクルとは、廃棄物を原材料にして、再生利用すること。使用ずみの空きびんを細かくくだいてできるカレットは、新しいガラスびんやほかのものに生まれ変わります。びんは何回でもリサイクルできるので、天然資源を節約でき、ごみの量をへらすことができます。ガラスびん以外にも、砂のように細かくくだいたものが道路の材料に使われたり、グラスウールという繊維になって、住宅の断熱材として利用されたりしています。

何度でも新しいびんに生まれ変わることができる！

ガラスびんのおもな原料は、石灰石などの天然素材とカレットだが、最近は原料のほとんどにカレットが使われるようになってきている。

わたしたちにできること

使ったあとの空きびんは、中をゆすいで、ほかのごみがまざらないようにします。同じガラス製品でも、ガラス製の皿やグラスなどはガラスびんとは原料が異なる場合があるので、分別する必要があります。ラベルはカレット工場で取りのぞかれるので、無理にはがさなくてもよいそうです。分別方法については、市町村によって異なるので、自分が住んでいる町のルールを確認しましょう。

すべてのガラスびんとガラスびんにかかわるすべての人に感謝！

電車✖の一生

？ 電車の屋根についていて、
電気をとりこむ装置をなんという？

ココ
↓

これがあるから
走り続けることが
できるんや！

（A）パンダグラフ　　（B）パンダクラブ

ここがスゴい！
パンタグラフ

電車は電気をエネルギーとして走っている。
上にある電線からパンタグラフを通して電気を取り入れることで、
長い距離を走ることができるのだ。

電線から電気を取り入れる

パンタグラフとは？

車両の屋根にあり、バネの力でつねに上にある電線と接することができる。電線から取り入れられた電気は、車体を通って車輪部分のモーターを回し、その力で車輪を回している。

パンタグラフがない電車はどうしている？

地下鉄の一部など、パンタグラフがない電車もある。それらは、線路の中にしかれた別のレールから、電気を取り入れて走っている。

せまいトンネルを走る地下鉄にはパンタグラフがないものも

ひし形のもの、くの字形のものがある

もともとはひし形のものが主流だったが、最近ではくの字形のものが増えている。材料（りょう）が少なくてすむため、安く、軽くつくれるという利点（りてん）がある。

パンタグラフの語源（ごげん）

図面を拡大縮小（かくだいしゅくしょう）するときに使われていたひし形の用具「パンタグラフ」から、ひし形でのびちぢみするものを指すようになったという。

車を持ち上げるのに使われる「パンタグラフジャッキ」

電気を生み出すこともできる

電車がブレーキをかけると、モーターが発電機（はつでんき）に変わる。電車が止まろうとする力を利用して、電気を生み出すことができるのだ。その電気は、パンタグラフから電線を通して、近くを走る電車や駅で使われる。

生み出した電気

ブレーキをかけると電気を生み出す

電車は電気を生み出すこともできる、エコな乗り物なのだ！

1つの車両が完成するまでには
約6か月かかる。

START!

大丈夫下
さびにくい金属

最初はステンレスの板

車両工場 東京ドーム6個分の広さ

車体をつくる

ステンレスの板をていねいにつなぎ合わせていく

車体の形が
できた！

6トンの車体が
上がっていく〜

巨大クレーンで持ち上げられる

空中を移動

巨大クレーンで空中を移動し、次の作業場へ向かう。

わたしも
行くよ～

次の作業場へ
移動

ハンマーでゆがみを調整

ハンマーで車体をたたいて、骨格のゆがみを調整する。

車体にキズがつかないように、ハンマーの先はプラスチックでできている。

重さ4キロのハンマーを何度も打ちつける

1ミリのすき間も見逃さない!

ハンマーでたたくことで、1ミリほどのすき間がなくなり、まっすぐになる。

たたく前 → たたいたあと

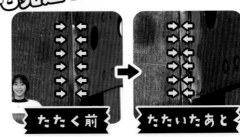

電車ができるまで

電車が完成するまでには、いくつもの工場を移動しなければならない。

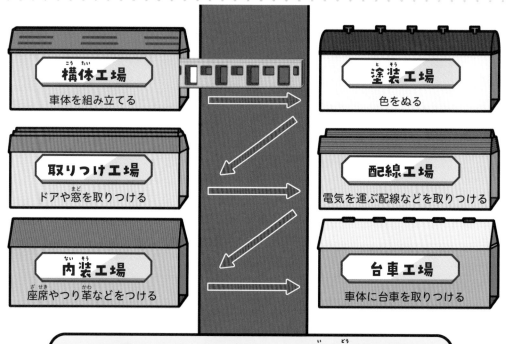

構体工場
車体を組み立てる

塗装工場
色をぬる

取りつけ工場
ドアや窓を取りつける

配線工場
電気を運ぶ配線などを取りつける

内装工場
座席やつり革などをつける

台車工場
車体に台車を取りつける

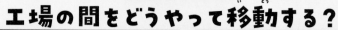

工場の間をどうやって移動する？

重さ6トンの車体も、トラバーサーに乗ればラクラク移動できる。

トラバーサー

車両のような重いものを平行移動させるための装置

ドアの組み立て

ねじのひとつひとつを手作業でしめていく。

なでなで〜

くすぐったいよ〜

仕上げに軍手をはめてねじの頭をなで、出っぱりがないかを確認する。

ねじを強くしめすぎると、頭に出っぱりができてしまう。

ねじに出っぱりやゆがみがあると、軍手の糸が引っかかる。

こうして、
およそ900人の作業員の力と
6か月の期間をかけて…

完成！

きょうも元気に電車が走る！

早朝の車両基地を出発

点検や整備を終えて、いつでも出発できる状態に。

始発電車が元気に出発！

通勤・通学ラッシュ

朝7時半〜9時ごろまでは、たくさんの人が乗ってくるため、電車にとってはたいへんな時間。

ラッシュ時は定員の1.5倍近くを乗せることもある。

ラッシュ時は車両をつなげて、たくさんの人を乗せられるようにする。

3日に一度の洗車タイム

巨大なブラシで車体を洗う。3日に一度、朝のラッシュが終わったあとのお楽しみ。

気持ちいい〜

休む間もなく走り続ける

夕方のラッシュにそなえて、再び出発。始発から終電まで1日19時間以上走ることもある。

ときにはメンテナンス

走り続けた車輪は、レールとこすれあうことでミゾができてしまう。電車の乗り心地が悪くなってしまうので、ミゾをけずって平らにする。

深さ3ミリのミゾ

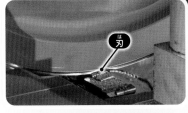

刃

車輪を回しながら、かたい刃でけずる。

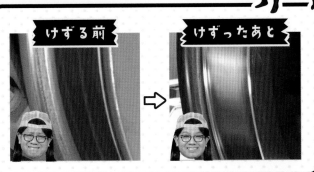

けずる前　けずったあと

電車の第二の人生は…

古くなった電車にはまだまだ使えるところがいっぱい。
古い車両は部品を交換してリニューアルし、別の会社にゆずったり、安い値段で販売したりしている。

ローカル線の電車に

ローカル線は都会の電車にくらべて、走る距離も短く、スピードもひかえめ。まだ現役として活躍できるのだ。なかには海外の鉄道で再利用されるものもある。

香川県の高松琴平電鉄で使われている京浜急行の車両

愛媛県の伊予鉄で使われている京王電鉄の車両

鉄道博物館で展示

本物の車両が展示されている博物館は、子どもたちに大人気。車両は、公園に展示されたり、ホテルとして利用されることもある。

歴史的な車両の内部も当時のまま再現されている

解体されてステンレスにリサイクル

役目を終えた電車の車体は、高熱でとかされ、ステンレスとして再利用される。ちなみに、日本で鉄道の車両にステンレスが使われるようになったのは、1950年代に入ってから。それまでは、鋼鉄製が主流だったが、さびやすく、車体も重くなるため、ステンレスやアルミが使われるようになったという。

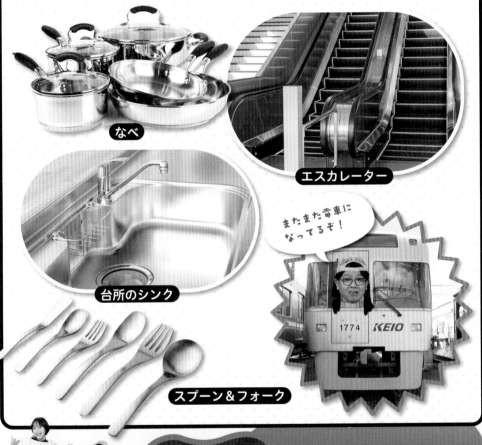

なべ

エスカレーター

台所のシンク

またまた電車になってるぞ！

1774 KEIO

スプーン＆フォーク

すべての電車と
電車にかかわる
すべての人に感謝！

フライパンの一生

強い炎が大好き

昔から
フライパンと
いったら鉄や！！

鉄のフライパン

鉄のフライパンと
フッ素樹脂加工のフライパン、
スゴいのはどっち!?

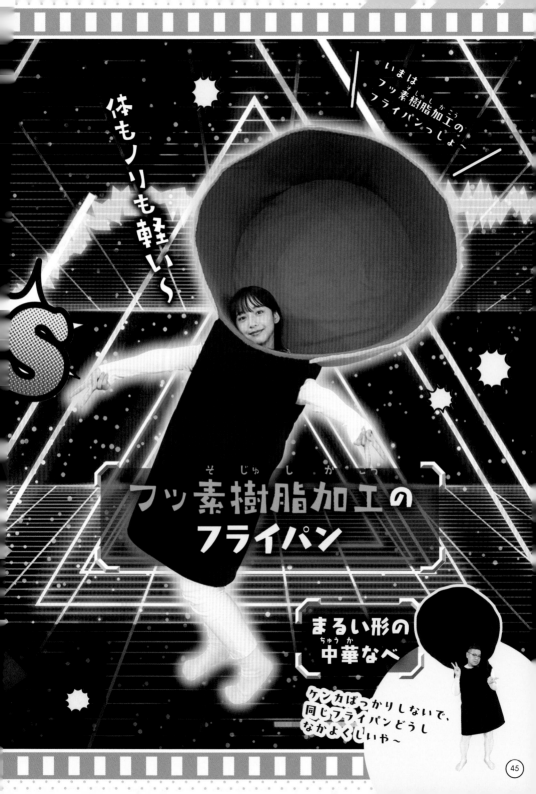

体もノリも軽い～

S

フッ素樹脂加工の
フライパン

まるい形の
中華なべ

ケンカばっかりしないで、
同じフライパンどうし
なかよくしいや～

45

なんやて！？

どっちもそれぞれスゴい！

鉄の フライパン

ここがスゴい！

プロフィール
材質：鉄
得意料理：野菜いため、ステーキ
好きなもの：強火

中華なべも
鉄のフライパン
のなかまやで〜

 強火に強い

鉄は強火にかけても問題なし。野菜いためはシャキッと、チャーハンもパラパラに仕上げることができる。

長持ちする

じょうぶで使うほどに油がなじみ、こげつきにくくなる。お手入れして正しく使えば、何年も使える。

プロフィール
材質：アルミニウム
得意料理：たまご料理、ホットケーキ
好きなもの：シリコンや木のヘラ

フッ素樹脂加工のフライパン

ここがスゴい！

こげつきにくい

表面にこげつきにくい加工を施してあるので、少ない油でも食材がくっつきにくい。目玉焼きもスルッとすべる。

軽い

フッ素樹脂加工のフライパンの本体はアルミニウムでできている。アルミニウムは鉄の3分の1の重さ。

アルミニウム

鉄

鉄の フライパン＆中華なべができるまで

最初はうすい鉄の板。それぞれキツイ工程を乗りこえて、りっぱなフライパンと中華なべに変身する！

START！

ここからふたりは別々の道を歩む。

中華なべ

中華なべの形の型

鉄の板をのせる

まん丸の板に切りぬく

フライパン

鉄の板を…

次の機械に移動

スピニング加工

回転する板にヘラをおし当てて成形する方法。フライパンの側面だけをうすくすることができる。重い鉄のフライパンを少しでも軽くする工夫だ。

鉄の板

ヘラ

型

回転する鉄の板にヘラを当てる

型にそって板をのばしながら曲げていく

火が当たらない側面だけをうすくすることができる

プレス加工（かこう）

平らな鉄の板をプレス機（き）でおしつけて、なべの形にする。さまざまななべの形に合わせて型（かた）がある。プレスの力は100トン。オスのアフリカゾウおよそ15頭分の重さだ。

ゾウ15頭におしつぶされる!?

上からプレス機（き）がおりてきて…

100トンの力でプレス！

わずか5秒（びょう）で中華（ちゅうか）なべの形になった

高速回転させる

表面にさび止めの加工（かこう）をしたり、持ち手をつけたりする

ヘラをおし当てて、形をつくる

あっという間にフライパンの形になった

完成（かんせい）！

こうしてふたりは強い火力にもたえられる、一人前のフライパンと中華（ちゅうか）なべになった！

フッ素樹脂加工のフライパンができるまで

フライパンの本体をつくる工程と
フッ素樹脂加工をする工程の2つに分かれる。

わたしは鉄のフライパンの弱点を克服するために開発されたの！

START！

アルミニウムという金属のかたまり

一気に注ぐと空気が入り、穴があくこともある

❶フライパンの本体をつくる

アルミニウムのかたまりを大きな釜へ

700℃の高温で熱せられて液体になる

ひしゃくで型の中にゆっくり流しこむ

❷フッ素樹脂加工をする

機械の中で細かい金属のつぶをふきかける

表面に細かいキズがつけられてザラザラに

フッ素樹脂をふきかける

フッ素樹脂

フッ素樹脂とは、フッ素と炭素が結合してできたもの。そのタッグは非常に強力で、近づくものをはじいて、くっつくことを許さないので、食材がこげつきにくくなる。

フッ素　炭素
フッ素樹脂

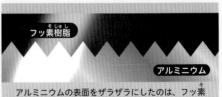

フッ素樹脂
アルミニウム

アルミニウムの表面をザラザラにしたのは、フッ素樹脂をしっかりとつけるため。

鋳造

とかした金属を型に流しこんで冷やしかためる
方法。東大寺の大仏などにも使われている。

フライパンの型にとかした
アルミニウムを流しこむ

かたまったら、型からはずす

鋳造では金属の内部が粗い結晶となり、そこに熱
がたくわえられる。冷たい食材を入れても、フラ
イパンの温度が下がりにくい。

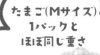

たまご（Mサイズ）
1パックと
ほぼ同じ重さ

わずか2分でかたまる

機械でけずって形を
整える

重さ約500gの本体が完成！

表面を均一に
コーティングする

400℃の熱でフッ素樹脂を
焼きかためる

持ち手をつけて…

表面加工の
おかげで
こげつきにくい！

完成！

鉄のフライパンでつくるステーキ

Point

使う前に油ならしをする

鉄の表面には目に見えない細かい水分があるため、食材のたんぱく質などがくっついてこげつく原因になる。使う前に「油ならし」をして、表面に油のまくをつくるのがポイント。

1 フライパンを強火にかけてけむりが出るまで熱する

2 弱火にして、多めの油を入れて3分。油を全体に行きわたらせる

3 油を取り出し、キッチンペーパーで油を表面になじませる

強火でカリッと焼き上げる

高温に強い鉄のフライパンなら、肉のうまみを逃さずに焼き上げることができる。

4 底全体に火が当たる状態が強火

5 金属のヘラもへっちゃら〜

6 表面をカリッと焼き上げるのがとくい！

完成！

表面はカリッと、中はジューシー

料理（りょうり）をつくる

フッ素樹脂加工（そじゅしかこう）のフライパンでつくる オムレツ

油は少なめでOK

フッ素樹脂加工（そじゅしかこう）のフライパンなら、
少なめの油でもたまごがくっつかない。

Point

1

油を温めて、かきまぜた
たまごを投入

2

木製のはしでまぜながら火を通す

金属（きんぞく）のヘラはNG！

フッ素樹脂（そじゅし）にキズがつき、はが
れる原因（げんいん）になる

シリコンなどやわらかい素材（そざい）の
ヘラを使うとよい

中火～弱火でスルッと美しく

高温になりすぎるとフッ素樹脂（そじゅし）の力が落ちて食材が
くっつきやすくなるので、火加減（ひかげん）は中火まで。

3

火の先がフライパンの底（そこ）に当（あ）たる
状態（じょうたい）が中火

4

フライパンをすべらせるようにして
皿にのせる

表面はすべすべ、
中はトロッ

完成（かん・せい）！

使ったあとは正しくお手入れ

鉄のフライパン

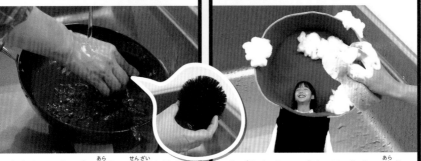

たわしでゴシゴシ洗う。洗剤を使うとなじんだ油が落ちてしまう。

空だき（そのまま火にかけること）をする。

キッチンペーパーで表面にうすく油をぬる。

フッ素樹脂加工のフライパン

よごれもくっつきにくいから、洗うのもかんたん！

スポンジに洗剤をつけて、やさしくこするだけ。

かたいたわしでゴシゴシこすったり、フライパンが熱いうちに水につけたりするのは、フッ素樹脂がはがれる原因になる。

こうしてふたりはおいしい料理をつくり、食卓を支え続けた…

さよなら　フッ素樹脂加工のフライパン

さよなら　のフライパン

数年後…

わたし、もうダメかも

しっかりしろー！

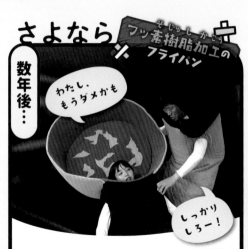

さらに数年後…

さらに数年後、鉄のフライパンも役目を終えた。

表面のフッ素樹脂加工がはがれてくると、食材がくっつくようになる。

金属ゴミからリサイクルされ…

フッ素樹脂加工のフライパンはアルミニウムのリサイクル工場で

表面がはがれている！

車のパーツに生まれ変わった！

寿命は長くて5年ほど

1 フッ素樹脂のまくには、目に見えない小さな穴があいている。

2 料理をくり返すと、穴から塩分や水分などがしみこんで中の金属がさびる。

3 フッ素樹脂がはがれてしまう。

鉄橋に生まれ変わった！

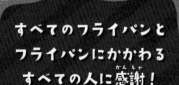

すべてのフライパンとフライパンにかかわるすべての人に感謝！

着ぐるみコレクション①

「ぼくドコ」は歌ありコントありパロディありの楽しい番組でした。
パロディの元ネタは、大人に聞いたら知っているかもしれませんよ！

トラス構造、
知ってるかい？

DANBO-RU

ダンボール

「トラス構造」（12ページ）
の説明では「寅さん」になり
きった昴生が登場。

ガラスびん

某学園ドラマの先生に
なりきって「カレット」
（22ページ）の説明を
するすずちゃん。

GARASUBIN

DENSHA

FURAIPAN

電車

「ひとつガレージの下」に暮らす３きょうだいの家族ドラマをお届（とど）けしました。

フライパン

オープニングは歌謡（かよう）ショーから入ることも多かったです。

本にはのらなかったけど
"ギターの一生"という回もありました。

スプーン＆フォークの一生

？ 日本有数のスプーン＆フォークの産地（さんち）といえば、ある鳥と同じ名前の都市。その鳥とは？

A)

B)

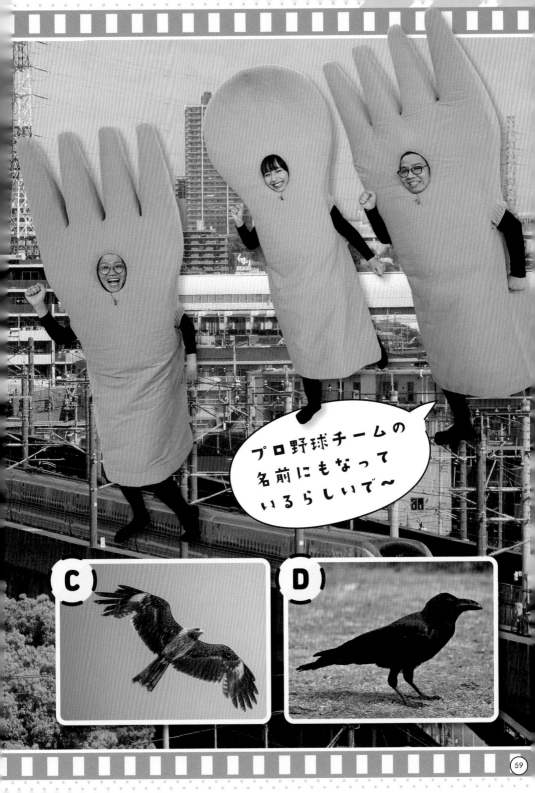

プロ野球チームの
名前にもなって
いるらしいで〜

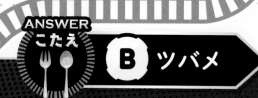

B ツバメ

燕市(つばめし)

日本一のスプーン＆フォークの生産地

新潟県燕市(にいがたけんつばめし)

A はワシ
漢字は鷲(わし)、英語でイーグル

B はツバメ
漢字は燕(つばめ)、英語でスワロー

C はタカ
漢字は鷹(たか)、英語でホーク

D はカラス
漢字は烏(からす)、英語でクロウ

EAGLE SWALLOW HAWK CROW

スプーン＆フォークの基礎知識(きそちしき)

国産品(こくさんひん)の9割(わり)が燕市(つばめし)でつくられている

もともと燕は銅器(どうき)を中心とした金属加工品(きんぞくかこうひん)の製造がさかんな町で、1911年、東京・銀座(ぎんざ)の貿易商(ぼうえきしょう)が洋食器(ようしょっき)の生産を燕の店にたのんだのが、スプーン・フォークの一大産地(いちだいさんち)となったきっかけです。第一次(だいいちじ)世界大戦(せかいたいせん)が始まると、ヨーロッパの金属工場(きんぞくこうじょう)が軍需品(ぐんじゅひん)の生産を行うようになったため、スプーンやフォークといった日用品の注文が燕に舞いこむようになりました。ここから、燕の洋食器産業(ようしょっきさんぎょう)が飛躍的(ひやくてき)な発展(はってん)をとげていったのです。その品質(ひんしつ)は世界的に認められており、ノーベル賞(しょう)の晩餐会(ばんさんかい)では燕でつくられたスプーンやフォークが使われています。

燕市(つばめし)でつくられたジャンボフォーク(78kg)とジャンボナイフ(98kg)

フォークの歯は最初は2本だった

フォークが生まれた当初は、歯が2本しかありませんでした。最初に生まれたフォークは食材をつきさしたり、取り出したりするときの調理用具として使われていたそうです。その後、食事用に使われるようになってからは、2本歯だと食べにくいため、3本歯のフォークが使われるようになりました。4本歯のフォークは、スパゲティを上手に食べるためにイタリアで生まれたといわれています。

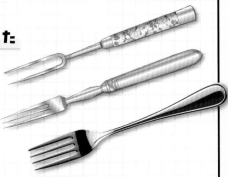

いまでも果物などを食べるときに使われる2本歯（上）、3本歯のフォーク（中）。食事用のフォークは4本歯のものが多い（下）。

💬S字カーブがどのようにして生まれるかは66ページへ！

S字カーブのひみつ

スプーンもフォークも横から見ると美しいS字のカーブになっています。その理由は3つ。
❶テーブルから取り上げやすい
❷手で持ちやすい
❸すくったものが落ちにくい

日本生まれのスプーン＆フォーク

もともとヨーロッパで使われていたスプーンやフォークですが、日本独自のものもつくられています。日本で最初につくられたのは「ヒメフォーク」とよばれる小さなフォークです。小型のケーキフォークよりも一回り小さく、和菓子や果物を食べるときに便利なフォークです。ほかにも、イチゴスプーンやメロンスプーン、グレープフルーツスプーンなどの果物専用スプーンも日本で生まれました。

左から、ヒメフォーク、グレープフルーツスプーン、イチゴスプーン、メロンスプーン。

スプーン&フォークの 原料の **ステンレス**がすごい！

ここがスゴい！

なんやて！？

ナイフやフォークの原料として、もっともよく使われるのがステンレス。さびにくくて、加工もしやすく、見た目にも美しい。さらにリサイクルできる地球にやさしい素材なのだ！

わたし、スゴいんです！

さびない金属を求めて…

ステンレスの歴史は浅く、発明されてから100年ほどしかたっていませんが、いまやわたしたちの生活に欠かせない金属となっています。ステンレスが発明される前は、人々はたくさんの鉄を使っていました。鉄には「さびる」という弱点があり、さびると弱くもろくなってしまうため、表面をペンキやメッキでコーティングするなどして、しのいでいました。科学者たちはさびない金属の研究をするなかで、鉄にクロムをまぜるとさびにくい金属ができることを発見したのです。

鉄が水と酸素に反応してできる「さび」

鉄から生まれたステンレス

ステンレス（stainless）とは、「さびない」という意味で、さびやすい鉄に代わる金属として発明された合金（金属に別の金属や非金属をまぜてつくった金属）です。鉄は非常にさびやすいのが欠点ですが、鉄にクロムという別の金属を10.5％以上まぜると、表面にうすいまくができてさびにくくなります。表面にキズがついてもすぐに新しいまくが再生されて、さびの発生を防ぐことができます。

18-8

18・8

ステンレスは鉄にクロムやニッケルなどをまぜた「合金」とよばれるもので、その成分によって性質が異なり、用途によって使い分けられます。スプーンやフォークによく使われるのは、18－8ステンレスとよばれるもので、これは鉄に18%のクロムと8%のニッケルをふくむもの。さびに強く、加工しやすいのが特徴です。

スプーンやフォークのうらに刻印されている
ステンレスの種類

リサイクルされて生まれ変わる！

ステンレス製品は使用ずみとなったあとも、廃棄されるのではなく、ほとんどがリサイクルされます。さびにくくて、ほかの金属との区別もしやすいステンレスは、とかすだけで何度も新しく生まれ変わることができるのです。日本で生産されるステンレス製品の原料の約6割に、リサイクルされたステンレスが使われています。

ステンレススクラップの山

別のステンレス製品に
生まれ変わるんだね！

スプーン&フォークができるまで

スプーンもフォークも1まいのステンレスの板から
さまざまな工程を経ながらひとつひとつ手作業でつくられます。

START！

ロール状になったステンレスの板。

加工しやすい小さな板にカットされる。

❶型ぬきプレス

300トンの力が上から加わり…

ヘラのような形に
打ちぬかれる。

1まい打ちぬくごとに板を
ひっくり返して型をとる。

板をむだなく使う！

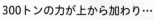

1まいの板から16本の型をとる。

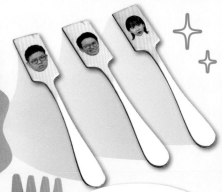

スプーンもフォークも
最初は同じような
形なんだね

②ローラーがけ

うすくのばす

2.8ミリ

ヘラ形のステンレスを2つのローラーのあいだに通して、うすくのばしていく。

手に伝わる感触をもとに、理想のうすさに仕上げる。

のばす前

厚すぎると口の中でじゃまになる

理想のうすさに仕上げる!

のばしたあと

うすすぎると、口の中を切ってケガをする危険がある

ぺたんこやな!

NEXT ▶▶▶

形をつくる工程へすすむ

❸半切り　スプーンやフォークの形にぬく

機械にセットされて…

まるい形に
打ちぬかれる。

スプーンっぽく
なった！

フォークの形に
打ちぬかれる。

フォークっぽく
なった！

❹プレス

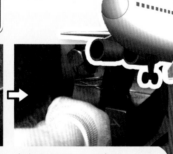

スプーンの型(かた)に合わせて
セットされて…

上から400トンの力で
プレスされる。

スプーンのくぼみができた。

400t(とん)
＝
満席(まんせき)の
ジャンボジェットの
重さとほぼ同じ！

ボディはゆるやかなS字に

❺コバみがき

コバ

デコボコでケガをしないように1本ずつみがく。

側面をみがく

「コバ」とはスプーンやフォークの側面のこと。小さなデコボコがある。

ビフォー

デコボコ

アフター

つるつる

❻連続研磨

表面をみがき上げる

高速回転するバフ

クリップで固定され、高速回転する研磨用バフで表とうら、8回に分けてみがき上げられる。

ピカピカになった!

NEXT ▶▶▶ 最終チェックへすすむ

❼品質チェック

1本ずつ目で見て、キズがないかをチェックする。

0.02ミリのキズ

不合格

合格

再チェックへ

赤エンピツで印がつけられたら不合格。

みがき直されて再度チェックを受ける。

食卓へ

きょうの
ばんごはんは
ステーキャー！

GOAL！

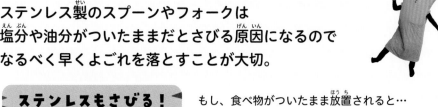

お手入れすれば一生モノ

ステンレス製のスプーンやフォークは
塩分や油分がついたままだとさびる原因になるので
なるべく早くよごれを落とすことが大切。

ステンレスもさびる！

もし、食べ物がついたまま放置されると…

長時間、塩分がついてこわれたまくは再生できず、さびてしまう。

リサイクルされて
新たなステンレス製品に
生まれ変わる！

今度はナイフに
なったぞ～～

すべての
スプーン＆フォークと
スプーン＆フォークに
かかわるすべての人に
感謝！

マネキン人形の一生

(A) ドイツ   (B) フランス

洋服売り場でおなじみの「マネキン」、
もともとはどこの国の言葉？

おしゃれ
した〜い！

(C) 日本

(D) イタリア

B フランス語の「mannequin（マヌカン）」より

フランス語のmannequin（マヌカン）には、「ファッションモデル」という意味と「マネキン人形」の意味があり、その英語読み「マネキン」という言葉が使われるようになった。日本では洋服の販売員のことも「マネキン」とよぶ。

マネキンだけに〜
マネキンネコ！

マネキンの基礎知識

マネキンの歴史

大正時代、洋服の人気が高まると、洋服用のマネキンがヨーロッパから輸入されるようになりました。日本でマネキンがはじめてつくられたのは、1925年のこと。人体解剖模型を製造していた京都の会社によるものでした。当時は洋服の需要が増えつつあり、日本でも本格的にマネキンの生産が開始。戦時中に一時中止されましたが、戦争が終わると、ふたたびマネキンの需要が高まり、京都を中心にいくつものマネキン会社がつくられました。

1940年代のマネキン

マネキンの種類

マネキンを大きく2つに分けると、顔がつくりこまれていて人間に近い「リアルマネキン」と、顔が描かれていない「抽象マネキン」があります。実際に人の顔をしたマネキンは、詳細な顔立ちやポーズで強いインパクトがあります。一方、顔が描かれていない抽象マネキンは、曲線的な体形や形状が特徴です。かつては、その時代の流行を取り入れたヘアメイクをしたリアルマネキンが主流でしたが、現在は商品により目がいくよう、顔のないマネキンが増えているようです。

主役は服！

お客さんの興味を引くためには、マネキンが美しく服を着こなしていることがなによりも大切です。服を美しく見せる工夫があります。たとえば、ワイシャツを着せるときには、背中をクリップでとめると、正面から見たときにはりを持たせることができ、さっそうとした着こなしになります。また、下着用のマネキンは胸の形がふつうのマネキンとは少しちがいます。胸を寄せて上げることで、実際に下着をつけたときの美しさを再現しています。

クリップあり

クリップなし

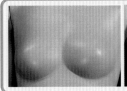
通常のマネキン

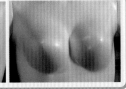
下着用のマネキン

もっと知りたい！マネキン

マネキンの
ひみつを
一挙公開！

ポーズは自由自在！

マネキンといえば、美しい立ち姿のものが思いうかぶが、こちらのお店ではアクロバティックなポーズでアピール！　大きな動きやポーズを取ることで、生地の軽さやのびちぢみしやすいことなど、洋服の機能をアピールすることができるのだ。

マネキンとは目が合わない!?

顔が描かれたリアルマネキンの多くは、客のほうを見ないようにつくられている。なぜなら、視線が合うと服よりも顔に意識がいってしまうから。そのため、遠くを見ていたり、うつろな目をしていたりするものが多い。

視線が合うと、顔に意識がいってしまう

白い点を黒目から少し外したところに描くと、視線を感じさせない

スーパーリアルマネキン

リアルマネキン以上にリアルなマネキン、それが
スーパーリアルマネキンだ。手や顔など、パーツご
とに型をとることで、細かいシワやうき出た血管ま
で、まるで生き写しのように再現できる。

昂生の
スーパーリアル
マネキンも！

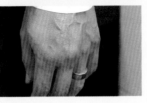

めっちゃ
オレや〜！

和紙のマネキン

プラスチックに代わる材料を
探すなかで生まれたのが、和
紙製のマネキン。寿命が来た
らドロドロにとかし、和紙へ
と再生できる。プラスチック
製のマネキンにくらべて重さ
が約5分の1となる軽量化を
実現した。

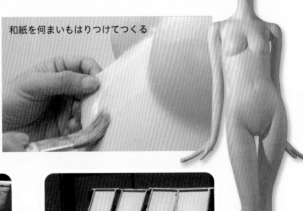

和紙を何まいもはりつけてつくる

ドロドロにとかす

再び和紙になる

マネキンが
できるまで

まずは粘土でマネキンの原型をつくる
ところからスタート！

原型をつくる

骨格となる鉄の棒に、粘土で肉づけしてマ
ネキンの形をつくる。

金属の棒を曲
げて、骨格を
つくる。

シュロの縄を
骨格に巻きつ
ける。

変形自在の粘土
がマネキンの肉
となる。

骨格に粘土をつ
けていく。

シュロの縄がスゴい！

シュロの木（右）からつくられる縄

**同じ重さの粘土を
くっつけてみると…**

シュロの縄は、けば立っているため
粘土がしっかりとつくのだ。

シュロの縄をまいた棒
10時間たっても落下せず

鉄の棒のみ
4分で落下

ビニールテープをまいた棒
2分で落下

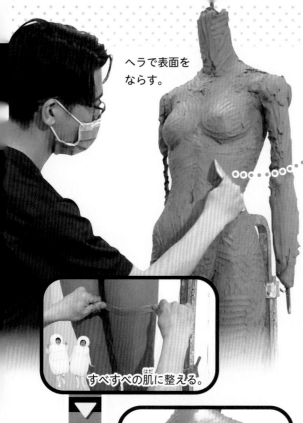

ヘラで表面をならす。

体のカーブに合わせてヘラを曲げて使う。

1か月半かかったで！

すべすべの肌に整える。

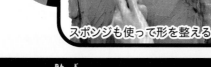

スポンジも使って形を整える。

ついに
完成！

しかし…粘土はマネキンにならない！

粘土がマネキンになると、こまることだらけ…

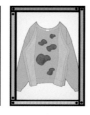

| つぶれる | 重い | よごれる |

NEXT
▶▶▶

プラスチックの
マネキンに
つくりかえる

マネキンができるまで

マネキンの原型から石膏で型を取り、プラスチックでマネキンをつくる。

①粘土のマネキンのまわりに石膏をぬる。

②30分ほどで石膏が固まったら、半分に割る。

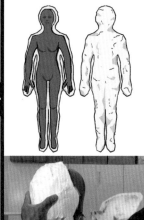

③粘土のマネキンを外し、型が完成。

④型の内側に液体状のプラスチックをぬる。

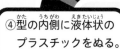

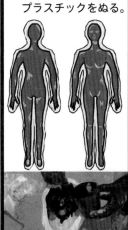

⑤強度を上げるために、ガラスの繊維をはる。

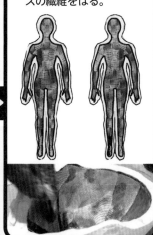

⑥2つをくっつけて、型を割るとできあがり。

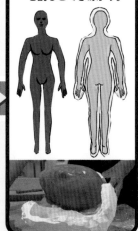

表面を仕上げる

色をぬって完成！

表面をやすりでみがく。

同じマネキンを何体もつくる

石膏の型は割ってしまうため、同じマネキンは1体しかつくれない。そこで、このマネキンからプラスチックの型をつくれば、マネキンを何体もつくることができる。

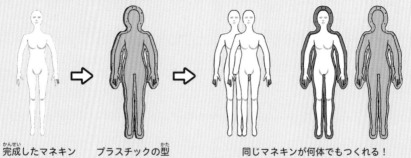

完成したマネキン　　　プラスチックの型　　　　同じマネキンが何体でもつくれる！

マネキンはハケン人生

マネキンの9割以上は、レンタルされている。
店ごとに服のよさが伝わるようなマネキンを選ぶから。
店からオーダーがあれば、ただちに出動。いわばハケン人生なのだ！

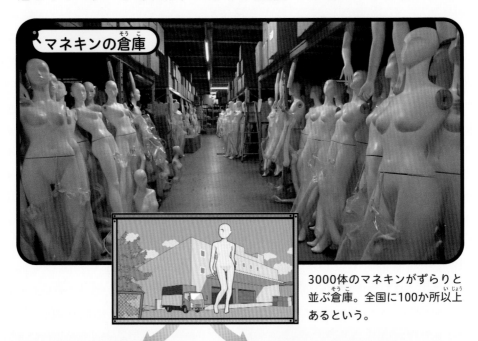

マネキンの倉庫

3000体のマネキンがずらりと並ぶ倉庫。全国に100か所以上あるという。

婦人服売り場

スポーツ用品売り場

日本のマネキンはレンタルシステムが整っており、いろいろな店で何度も使われる。FRPというプラスチックでできているものが主流で、セメントの原燃材料にするなどのリサイクルを行っている。

月日は流れ…

何年も働き続けたマネキンは、表面が欠けてしまったり、手足が取れてしまったりして、レンタル先に受け入れてもらえなくなってしまった。

いろいろな場所で働いたな〜

もうボロボロやわ〜

表面にキズ

手足もボロボロに

マネキン第二の人生

ゴミ処理工場で、粉々にされたのち、セメントの材料となる。

廃棄物として回収される

公園のすべり台に生まれ変わっていた！

すべてのマネキンとマネキンにかかわるすべての人に感謝！

現役引退後は「かかし」として活躍するマネキンも！

ショベルカーの一生

つぎの「はたらく車」のうち、
カタカナをそのまま読んでも
英語として通じないものはどれ？

A ショベルカー

B ブルドーザー

(C) フォークリフト **(D)** ホイール
ローダー

ショベルカーの ここがスゴい！ パワフルボディのひみつ！

なんやて！？

ショベルカーの構造は人間の体にたとえるとわかりやすい。大きなうでと土をほる手、それを支える体と足、それぞれのパーツにひめられたパワーのひみつを一挙公開！

油圧シリンダー

うでを動かす筋肉のような役割の部分。シリンダーの中に油が入っていて、その量を調節することでアームを動かすことができる。

アーム

ショベルカーの前うで部分。油圧シリンダーによって、人のうでのような動きをする。

バケット

アームの先についている、土や石をほるスコップ部分。

ひとほり約1.6トン

シャベル3200すくい分

ボディは大きく3つに分けられる

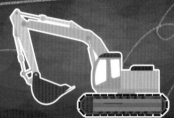

上部旋回体
人間にたとえると
「からだ」の部分

下部走行体
人間にたとえると
「あし」の部分

フロント
人間にたとえると
「うで」の部分

ブーム
上うで部分

運転室
オペレーターが操作
レバーとペダルで作
業する。

360度
回転！

クローラー
ショベルカーが移動するための足の部分。
英語のクロール(はって進む)からその名が
ついた。

地面に当たる部分が広く、でこぼこ道や坂道にも強い

ANSWER こたえ A

ショベルカーを英語でいうとexcavator(エクスカベーター)。それ以外はbulldozer(ブル
ドーザー)、forklift(フォークリフト)、wheel loader(ホイールローダー)と、英語がそのま
ま名前になっている。

ショベルカーができるまで

東京ドーム10個分の広さの巨大工場。4千人以上の人が働き、1年間に1万台のショベルカーがつくられる。

START!

最初は鉄のかたまり

クローラーをつくる

クローラーは、ローラーとそれをかこむ鉄の板でできている。

クローラーはショベルカーの足！

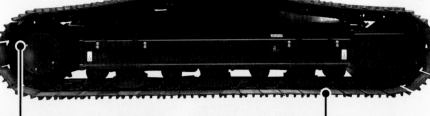

ローラーを一気に装着

ローラーは1つ30キロ！

鉄のビラビラをまわりにはめる

何まいもの鉄の板がつながったもの

ポイント 鉄のビラビラがスゴい！

鉄のビラビラは「シュー」という名前がついているよ

何まいもの鉄の板をつなげることで、うねうねとなめらかに動かせる。

岩だらけの道でもスムーズに動け、パンクの心配もない。

エンジンや運転席を合体

エンジンや運転席など、ショベルカーを動かす本体部分を合体させる。

運転席やエンジンなどを上から装着

くるくる回るための旋回部分

ガシーン！

運転室のカバーをつける

わたしもうショベルカーじゃん

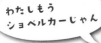

うで、つけわすれとるで！

NEXT ▶▶▶ うでをつける

うでをつける

ショベルカーのうでは、たくさんの鉄の部品をつなぎ合わせてつくられる。

40個以上の鉄の板！

ひとつひとつていねいに溶接してつくられる。

溶接
金属を高熱でとかして、接合すること。

うでが完成！

本体と合体！

カッコえー

試験

完成したショベルカーには
恐怖の試験が待っている!

なんやて!?

街にはテレビや携帯電
話などから発せられる
たくさんの電波があ
り、その影響でショベ
ルカーが勝手に動いた
り、こわれたりする可
能性がある。

電波を受けても問題がないか、
専用の部屋でいろいろな角度から電波を当てて、
不具合がないかチェックする

電波地獄

1週間続いたのち、
ようやく現場へ!

▼

GOAL!

はたらく ショベルカー

完成したショベルカーはいろいろな
場所で活躍！

こんなところにもショベルカー

山の中

木の伐採
作業など

災害現場

地震や土砂災害の復旧作業など

海辺

船からの積
み下ろしや
積み上げを
する

トンネル

土をほる作業など

基本は「ほる」&「運ぶ」

建設現場などで、土をほり、がれきや土砂を
すくってトラックに運びこむまでの一連の作
業を一台でできる。その場で体を回転できる
ため、せまい現場でも作業がしやすい。

場所を選ばずに、大量の土砂をほることができる

すくった土砂などをトラックに積みこむ

バケットは交換できる

アームの先端を交換することで、「くだく」「はさむ」「分別する」など、さまざまな作業が可能に。

「小割機」をつければ、がれきを粉々にくだくことができる

まるで恐竜の口！

先端には磁石がついていて、がれきの中から鉄だけを取り出すことができる

うでも長くなる

高層ビルを解体するときには、アーム（うで）を長くし、先端にはさみのような器具をつけて、かべを取りはらう。

大きなはさみで床やかべをこわしていく

がれきをそのまま落とすと危険なため、つかんだまま地面に下ろす

ショベルカー引退の日

さまざまな場所で働き続けたショベルカー。引退したあとも、いろいろな形での第二の人生が待っている。

まだまだ働き続けるぞ～！

中古重機として海外へ

ていねいにメンテナンスされている日本のショベルカーは海外でも人気があり、オークションで売買されている。

オークションにかけられたすず

海外のバイヤーが買いつける

再びショベルカーに

バラバラに分解されたのち、まだ使える部品は整備されて再びショベルカーの一部となる。

ピカピカになって、ショベルカーの部品にリユースされる

手作業でていねいに整備されて…

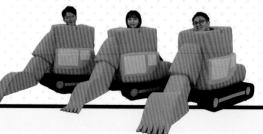

鉄として再利用

バラバラに解体された鉄の部品は、
製鉄所に運ばれてリサイクルされ、
再び鉄製品になる。

さまざまな形の鉄の部品

巨大な釜で
1600℃以上の
灼熱でとかされて…

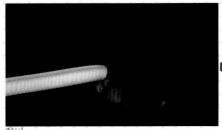

棒状に整形されて…

建築物の柱の中にある鉄筋に生まれ変わった!

すべてのショベルカーと
ショベルカーにかかわる
すべての人に感謝!

セーター の一生

？

ウールのセーターをつくる
毛糸の材料は次のうちどれ？

(A) まゆ（カイコガのさなぎ）

(B) 羊の毛

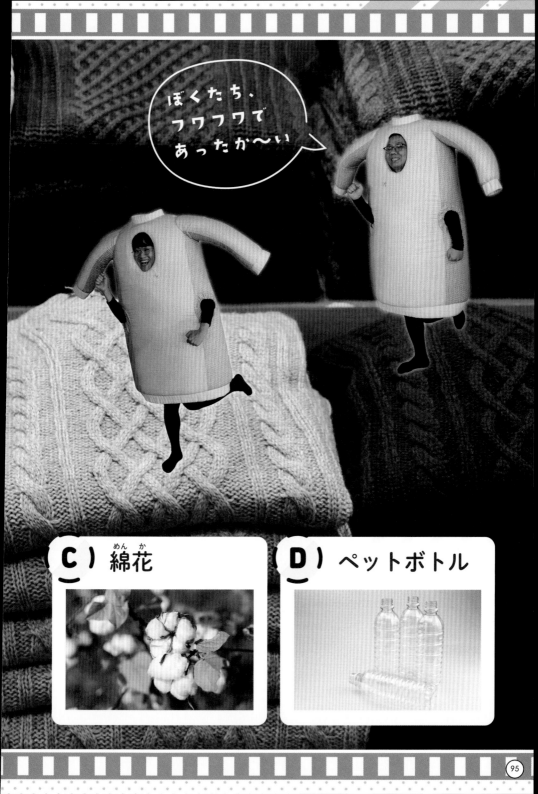

ぼくたち、
フワフワで
あったか〜い

C）綿花（めんか）

D）ペットボトル

B 羊の毛

なんやて！？

「セーター」は糸を編んでつくられたトップス（上半身に着る服）を指すため、綿や絹糸、化学繊維からつくられるセーターもあるが、「ウール」は羊の毛を原料とした繊維を指す。

A

まゆは着物や帯に使われる絹糸の材料。

B

羊の毛はセーターのほか、手ぶくろやマフラーにも。

C

綿花はシャツやハンカチなどに使われる綿の材料。

D

ペットボトルをリサイクルしてフリースに。

セーターの基礎知識

セーター

カーディガン

 セーターとカーディガン

「セーター」とは、糸を編んでつくられたトップスのこと。頭からかぶって着るものをセーターと呼び、前が開いてボタンでとめられるものは「カーディガン」とよびます。カーディガンは、負傷した兵士でも着やすいようにセーターの前部分を切ったのがはじまりといわれています。

動物の毛からつくられる

羊だけでなく、ヤギやウサギ、ラクダなどの毛も加工されて、あたたかいセーターになる。

ヒツジ

もっともポピュラーな素材

アルパカ

南米の高地にすむラクダのなかま

アンゴラウサギ

モフモフした毛が特徴のウサギ

カシミアヤギ

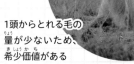

1頭からとれる毛の量が少ないため、希少価値がある

毛をかりとる

羊の毛がりは毎年1回、春に行われます。1頭の羊から3〜5キロほどの毛が取れるそうです。ごみや油脂を洗って取りのぞいてから、紡績工場に運ばれます。羊毛のおもな産地は、中国、オーストラリア、ニュージーランドなど。高温多湿の日本は、羊の飼育にはあまり向いておらず、多くを輸入にたよっています。

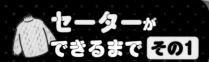

セーターができるまで その1

羊の毛がセーターになるまでの第一歩、まずは1本の糸になる！

紡績工場（ぼうせきこうじょう）　START！

> 早くセーターになりたいよ～

1本にたばねる

いくつもの毛のかたまりをまぜ合わせて、ひとつのかたまりにまとめる。

ギル

> のばされるのこわいよ～

> 赤ちゃんのうでくらいの太さ

> これでムラがなくなった！

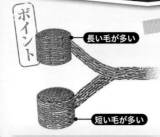

ポイント

長い毛が多い

短い毛が多い

羊の毛はかたまりによって、長い毛が多かったり、短い毛が多かったりとばらつきがある。たくさんのかたまりをまぜることで毛のムラをなくし、じょうぶな毛糸にするのだ。

細く引きのばす

ボビナーという機械で10分の1の細さになるまで引きのばされる。機械の中にはたくさんのローラーがあり、ここを通りぬけると細くてじようぶな毛糸になる。

ボビナー

ポイント

ちぎれてしまっても、羊の毛はからまりやすいため、手でより直すと元どおりになる！

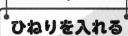

うどんくらいの太さ

ひねりを入れる

毛を細くのばすと同時に、ひねりを入れる。

ひねりあり

引っぱっても切れない

ひねりなし

すぐに切れてしまう

1分間に8000回転！

直径1ミリの糸になった！

NEXT ▶▶▶ ニット工場へすすむ

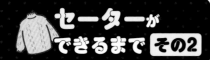

セーターが できるまで その2

人の手で編むと何日もかかるが、機械なら、たった2時間で編めるのだ！

ニット工場 ＳＴＡＲＴ！

じょうぶな毛糸になった3人は新潟県の工場へ…

▽

毛糸を編む

編み機

編み機にはたくさんのかぎ針があり、ここに毛糸がひっかけられて編まれていく。

糸を編み機にかけて、セーターの生地（編み地）を編んでいく。

数分後

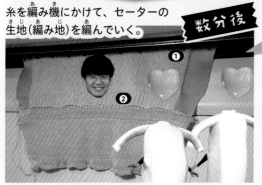

編み地ができてきた！

このセーターは2種類！

編み方は多種多様

❶平編み

平らで着心地がよく、身ごろ（前と後ろの広い部分）に使われる。

❷リブ編み

横にのびやすいので、ぬぎ着がしやすいように首やそで口などに使われる。

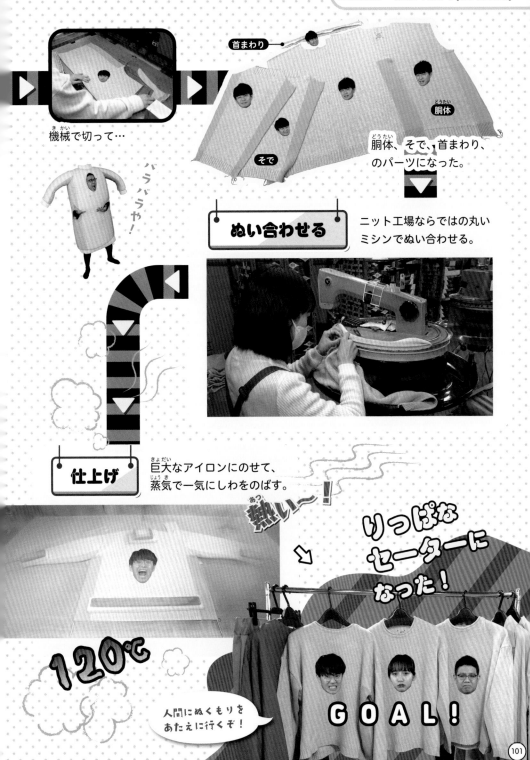

機械で切って…

首まわり

胴体

そで

胴体、そで、首まわり、
のパーツになった。

バラバラや！

ぬい合わせる

ニット工場ならではの丸い
ミシンでぬい合わせる。

仕上げ

巨大なアイロンにのせて、
蒸気で一気にしわをのばす。

熱い〜！

120℃

りっぱな
セーターに
なった！

GOAL！

人間にぬくもりを
あたえに行くぞ！

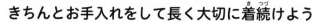

セーターを大切に着よう

きちんとお手入れをして長く大切に着続けよう

あたたかく着る コツ

フリース、ジャケット、ダウンなどあたたかい素材の服はたくさんある。それらと比べると、セーターは編み目が粗いので、外からの冷たい風が入ってきてしまう。寒い日でもあたたかく着るためには、重ね着をして空気の層をつくるのがコツ。

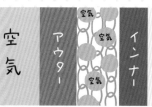

空気には熱を伝えにくい性質があるので、風を通しにくいアウターとインナーの間にセーターを着ると、ふわふわの羊の毛があたたかい空気の層をつくってくれる。

お手入れの コツ

着たあとには、洋服ブラシをかけてブラッシングすると、よごれやほこりが落ち、毛玉ができにくくなる。何日も続けて着ると形がくずれやすくなるので、1日着たらハンガーにかけて、汗などの水分をとばそう。

ブラシをかけてホコリや汚れを落とし、繊維の流れを整える。

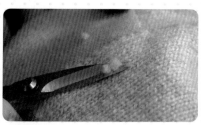

毛玉ができてしまったら、手でむしらず、はさみでていねいに切り取ろう。

スッキリした！

セーターに 穴 が！

夏のあいだしまっておいたセーターを出してみたら、穴があいている！　動物の毛にふくまれるたんぱく質を好んで食べる虫によって、食われることがあるのだ。それらの虫は高温多湿を好むので、衣類をつめこみすぎず、風通しのよい状態で保管するのがポイント。市販の防虫剤を使用するのもよい。もし穴があいてしまったら、似た色の糸でかがって補修することができる。

洗濯の コツ

そのまま洗濯機に入れるのはNG！　ほかのものといっしょに洗うと、服どうしがぶつかって、繊維がからまり、セーターがかたくちぢむ原因になる。おすすめはやさしく手洗い。洗濯機の場合は、セーターだけをネットに入れて洗う。素材によっては、水洗いできないものもあるので、洗濯表示を確認しよう。

あやまって洗濯機にかけられたセーターはちぢんでしまい、捨てられてしまった…

どうなる？

あかんやん！

あちゃー

NEXT ▶▶▶

103

セーターの リサイクルの旅

資源として回収された古着の一部はリサイクルされて、別の衣料品に生まれ変わる。

リサイクル工場

細かくなった！

機械で切断され…

さらに切断され…

服は使い捨て？

日本では1年間に約73万トンの衣服が手放されています。そのうち、リサイクルされるものは17％、リユースされるものが18％で、残りの約64％はごみとして処分されています。ごみとして出される服の量は1年で約47万トン。それらの服は、そのまま焼却、埋め立て処分されます。その数、1日あたり大型トラック約120台分。一方、資源として回収された古着は、再利用の事業者に引き取られ、海外に輸出されたり、このページのような工程を経て、再資源化されたりします。最近では、衣類を販売している事業者が店頭で回収を行うケースも多くあります。

リユース 約18％

リサイクル 約17％

約73万トン

ごみとして 約64％

1日あたり大型トラック 120台分

（環境省「令和4年度循環型ファッションの推進方策に関する調査業務」より）

反毛機にかけられ…

機械の中には巨大なローラーがあり、表面にはたくさんの針が！

機械で切断され…

反毛

不要になった布地を機械によって綿状にしてから、再度利用する方法。そのままぬいぐるみやクッションの中綿として使われたり、フェルトに加工されたりすることが多い。毛織物を反毛したものとほかの繊維をまぜて、リサイクルウールとして生まれ変わるものもある。

ブランケット

軍手

マフラー

ブランケットに生まれ変わった！

すべてのセーターとセーターにかかわるすべての人に感謝！

これからも人間をあたため続けるで～！

後半4本分の着ぐるみ＋秘蔵の1本を一挙公開！ 「ぼくドコ」では、毎回"モノ"の名前にちなんだ歌を熱唱していました。

SPOON & FORK

♪フォークが
フォークで
あるために～

スプーン & フォーク

ひそかに思いを寄せるスプーンのすずちゃんのために熱唱する亜生。

♪マネ～

マネキン

サングラスがトレードマークの某ミュージシャンになりきって歌う昴生マネキン。

MANEKIN

ショベルカー

「この着ぐるみスゴイ〜！」
3人ともショベルつきのうで
に大興奮（だいこうふん）！

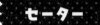

セーター

これ着ぐるみにする必
要（ひつよう）あったのかな…セー
ター着たらいいんじゃ
ない!?

本にはのらなかったけど
「たこの一生」という
回もありました

「モノの一生」を通して 持続可能な世界を考える

慶應義塾大学大学院教授　蟹江憲史

　モノがどこから来て、どこへ行くのかを考えることは、持続可能な世界を考えるうえで、基本的かつきわめて重要なことだと考えます。いわば、モノの「来し方行く末」を考えることです。

　SDGsがめざす持続可能な社会のいちばんの足かせとなっているのが、「大量生産」「大量消費」にもとづいた現在の経済のしくみです。経済活動がそのようなしくみで動いているので、これを変えていくのはなかなかむずかしいことです。しかし、これを変えないかぎり、持続可能な社会は実現しません。SDGsは「変革」の重要性をかかげていますが、その理由もここにあります。

　「大量生産」「大量消費」のしくみを変えるためには、いかにそれが非効率的であり、資源のむだづかいであるかを実感する

かにえ・のりちか

慶應義塾大学大学院政策・メディア研究科教授。SDGs関連を中心に政府委員を多数務める。著書に『SDGs入門 未来を変えるみんなのために』（岩波ジュニアスタートブックス）、『SDGs（持続可能な開発目標）』（中公新書）などがある。

ことが大切です。資源のむだづかいに思いをはせることができれば、むだをなくすために何をすべきか、どのようなものを選ぶべきかということがわかってきます。そのためには、目の前にあるモノがどこから来てどこへ行くのかを知る必要があり、「ぼくドコ」はこれを学ぶよい素材を提供していると思います。

　この本を読んで、モノの「来し方行く末」を自分ごととしてとらえたのち、その問題を考え、解決策を探ってみてください。みなさんの自由な目でこの問題をとらえることができれば、現状を打破する新しいアイデアがきっと生まれてくるでしょう。もし、そのアイデアが非現実的だといわれたら、それが「非現実的」だと感じられる理由を考えてみてください。もしかしたら「非現実的」なのは、いまの社会のあり方そのものなのかもしれません。

取材協力先

（しゅ ざい きょうりょく さき）

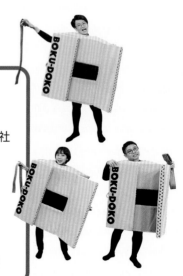

ダンボールの一生

株式会社西本商事
株式会社ウェル
日本東海インダストリアルペーパーサプライ株式会社
株式会社フジダン

・写真提供
レンゴー株式会社(p.11)
Peach Aviation株式会社(p.19)
村井紙器株式会社(p.19)
東洋製罐グループホールディングス株式会社(p.19)

ガラスびんの一生

日本山村硝子株式会社
中央製乳株式会社
（びん牛乳のラインは2023年7月に廃止となりました）
中村ガラス株式会社

・写真提供
ガラスびん３R促進協議会
(p.30〜31、カバー)

電車の一生

京浜急行電鉄株式会社
株式会社総合車両製作所
高松琴平電気鉄道株式会社
京急ミュージアム
京王電鉄株式会社

フライパンの一生

サミット工業株式会社
ウルシヤマ金属工業株式会社

スプーン＆フォークの一生

燕物産株式会社
山文中川ステンレス株式会社
恒成株式会社

・写真提供
燕物産株式会社（p.5、61、カバー）

マネキン人形の一生

株式会社七彩
株式会社トーマネ
株式会社鵄商
青山商事株式会社
株式会社ピーチ・ジョン
株式会社インポートロッサ

・写真提供
株式会社七彩（p.72、カバー）

ショベルカーの一生

日立建機株式会社
株式会社坂戸工作所
根崎解体工事株式会社
株式会社成美
株式会社伊藤製鐵所
荒井商事株式会社

・写真提供
日立建機株式会社（p.84、90、カバー）

セーターの一生

東和毛織株式会社
有限会社サイフク
R for D
安藤反毛工場

すべての「ぼくドコ」に
かかわってくれた人たちに
感謝（かんしゃ）！

NHK「ぼくドコ」制作班

ディレクター ／ 橋口恵理加　福田元輝　堀いつか
安元卓　名取克昌　錦望　佐々木文恵
伊部玲王奈　東海林明　兒井末祐　市島拓海
リサーチャー ／ 髙際礼子
プロデューサー ／ 髙橋謙　田辺圭子
制作統括 ／ 大古滋久　漆山真生　三好健太郎
構成・台本 ／ 桝野幸宏
着ぐるみ制作 ／ 伊藤修子
タイトル映像 ／ 平池優太　宮島洋介
出演 ／ ミキ（昴生・亜生）　山之内すず
ナレーション ／ 大塚芳忠

協力	NHK エデュケーショナル
写真	PIXTA　Shutterstock
カバー・ 本文デザイン	天野広和　松林環美　村山由紀 石野春加　石坂光里　森井由里子 （ダイアートプランニング）
本文イラスト	しゅんぶん 株式会社グレートインターナショナル 中田有見子
校正	LIBERO

【おもな参考 Web サイト】
全国段ボール工業組合連合会ホームページ　https://zendanren.or.jp/
「段ボールおもしろブック」（レンゴー株式会社）https://www.rengo.co.jp/book/
日本ガラスびん協会ホームページ　https://glassbottle.org/
ガラスびん3R促進協議会ホームページ　https://www.glass-3r.jp/
みんてつキッズ　https://www.mintetsu.or.jp/kids/
サミット工業株式会社ホームページ　https://tetsunaberyu.jp/
ウルシヤマ金属工業株式会社ホームページ　www.umic-all.com
燕物産株式会社ホームページ　https://www.tbcljp.com/
Stainless Steel Museum PIKAPIKAN（ステンレス協会）　https://www.jssa.gr.jp/pikapikan/
「七彩マネキン物語」（株式会社七彩）　https://www.nanasai.co.jp/company/story/
「マネキンの歴史と島津製作所の関係とは　国産マネキンの源流は京都に」（島津製作所）
https://www.shimadzu.co.jp/today/20210324-1.html
マネキンのすべて（日本マネキンディスプレイ商工組合）
https://www.jamda.gr.jp/museum/
東和毛織株式会社ホームページ　https://www.towakeori.co.jp/
KNIT MAGAZINE（丸安毛糸株式会社）https://www.knitmag.jp/
「ウールのお手入れ方法」（ザ・ウールマーク・カンパニー）　https://www.woolmark.jp/care/

NHK for School ぼくドコ
モノの一生はドラマチック！
生まれ変わり編

2024年6月25日　第1刷発行

編者	NHK「ぼくドコ」制作班 ©2024 NHK
発行者	江口貴之
発行所	NHK出版 〒150-0042　東京都渋谷区宇田川町10-3 TEL 0570-009-321（問い合わせ）　0570-000-321（注文） ホームページ　https://www.nhk-book.co.jp
印刷・製本	図書印刷

Printed in Japan　ISBN978-4-14-036156-6　C8030